RELATION

DES ÉVÉNEMENS

QUI ONT EU LIEU

DANS LA VENDÉE,

DEPUIS LE 27 MAI JUSQU'AU 10 JUIN 1815.

RELATION

DES ÉVÉNEMENS

QUI ONT EU LIEU

DANS LA VENDÉE,

DEPUIS LE 27 MAI JUSQU'AU 10 JUIN 1815.

> « Parler des événemens en 1815, ce
> » n'est pas nuire, c'est être utile à l'Ouest
> » et à la cause du Roi ; parce qu'on peut
> » démontrer, preuves à l'appui, qu'en
> » dépit de ce qui s'y est passé en 1815,
> » le parti du Roi y étoit très-fort, tres-
> » nombreux, très-important ; qu'il a été
> » paralysé : que les moyens employés pour
> » comprimer sa force en prouvent la
> » réalité : car on n'est perfide qu'envers
> » ceux que l'on craint, et qui sont forts. »
>
> (*Mémoire du Général* COMTE D'AMBRUGEAC.)
> Pag. 18, avant-propos.

PAR M. LE GÉNÉRAL COMTE GABRIEL DUCHAFFAULT.

IMPRIMERIE DE LE NORMANT.

PARIS,

Chez DENTU, PETIT, Libraires, au Palais-Royal.

1816.

RELATION

*Des événemens qui ont eu lieu dans la Vendée,
depuis le 27 mai jusqu'au 10 juin 1815.*

—

Le 27 mai, M. Duchaffault reçut l'ordre
suivant :

Au quartier-général des Herbiers, le 27 mai.

« M. Duchaffault voudra bien se rendre ce
» soir à Chauché avec tout son monde, j'y
» serai, par ordre de M. le marquis de
» Larochejaquelein. »
Signé DE SAPINEAU.

Il arriva avec ce qu'il put réunir de Vendéens à Chauché. Ce fut là qu'il apprit le plan
arrêté à Chollet ; on devoit se porter en avant
avec la totalité des quatre corps vendéens sur
la côte ; que les trois premiers prendroient

Nota. Dans ce moment où chacun parle de ce qui eut lieu
dans la Vendée en 1815, M. le comte Gabriel Duchaffault a cru
de son devoir de publier la relation de faits dont il a été témoin, et satisfait sa conscience en rendant hommage à la
vérité.

position autour du lieu du débarquement ; tandis que le 4ᵉ. l'opércroit (1).

Le 28 au matin, il y trouva MM. de Larochejaquelein et les généraux Canuel et Sapineau. Les différens corps réunis pouvoient se monter à 5,000 hommes ; ce corps d'armée arriva le même jour au Poiré, à deux lieues de Bourbon-Vendée, sous les ordres du marquis de Larochejaquelein. Après avoir bivouaqué à côté du bourg, ils se rendirent le 29, à quatre heures après midi, à Soulans.

L'armée bivouaqua la nuit du 29 au 30.

M. de Suzannet y arriva avec environ 4,000 hommes et un corps de cavalerie de 2 à 300 hommes, vers les dix heures, le 30 au matin. A quatre heures après midi, M. de Suzannet dit à M. Duchaffault de venir avec lui au château de la Mothe-Fouquerant, situé à un quart de lieue de Soulans, pour y placer son bivouac.

On attendoit M. d'Autichamp qui étoit en retard. Le bivouac étant fixé, M. de Suzannet dit à M. Duchaffault de retourner à Soulans, et de prévenir M. Louis de Larochejaquelein, qu'ayant reçu des dépêches importantes, il désiroit qu'il vînt de suite avec lui, afin qu'il

____

(1) L'armée royale de la Vendée, rive gauche, se composoit de quatre corps d'armée au 27 mai.

Le 1ᵉʳ corps étoit commandé par M. d'Autichamp.

2ᵉ, par le général Sapineau.

3ᵉ, par le général Suzannet.

4ᵉ, par M. Auguste de Larochejaquelein.

Général en chef M. le marquis de Larochejaquelein.

Chef d'état-major-général, le général Canuel.

les lui communiquât. M. de Larochejaquelein s'y rendit de suite avec M. Duchaffault. M. de Suzannet, en sa présence, communiqua à M. de Larochejaquelein les dépêches qui étoient de M. de Malartic. Celui-ci écrivoit (de la Chardière, château appartenant à M. de Suzannet, près Chavagne) ; il lui faisoit part des propositions et d'une mission pacifique, qui lui avoit été donnée par M. Fouché.

Le général de Larochejaquelein les refusa; toute la nuit se passa en vives dicussions entre lui et M. de Suzannet, devant M. Duchaffault.

M. de Suzannet exhiba aussi une lettre de Nantes, qui lui annonçoit l'arrivée de 10,000 ennemis, dont l'avant-garde, forte de 2,000, devoit déjà être à Challans, à trois quarts de lieue de la Motte-Fouquerant.

Le marquis de Larochejaquelein fit à l'instant partir sept à huit cavaliers pour éclairer Challans : leur rapport fut qu'il n'y avoit aucun ennemi à Challans.

Cependant à force d'importunités, M. de Suzannet le décida à faire faire à toute l'armée un mouvement rétrograde de deux lieues sur Saint - Christophe, pour aller, disoit - il, au-devant de M. d'Autichamp.

Cette marche s'exécuta le 31 au matin, au milieu des murmures des Vendéens, mécontens de ce mouvement rétrograde.

Arrivé à Saint - Christophe, on n'y trouva pas M. d'Autichamp, qui ne vint à Legé avec son corps d'armée, que le soir du même jour 31.

A Saint-Christophe, des bruits faux circuloient; on disoit que la flotte anglaise n'étoit pas arrivée à Croix-de-Vie; qu'elle n'y viendroit que dans sept ou huit jours; que M. de la Rochejaquelein, qui vouloit y conduire l'armée, seroit obligé de la laisser dans le marais pendant ce temps, ce qui seroit très-préjudiciable. — On parloit même d'une prétendue lettre de l'amiral anglais, qui annonçoit, disoit-on, que la position des Vendéens ne lui inspirant pas de confiance, il se retiroit.

M. Duchaffault fut lui-même un instant trompé par ces bruits artificieusement propagés, pendant qu'il étoit à la découverte d'une prétendue attaque de l'ennemi. Cette alerte reconnue *fausse*, et M. Duchaffault rentrant à Saint-Christophe trouva M. de Larochejaquelein montant à cheval, qui lui dit: « Et toi, viens-tu avec nous? » Non en vérité; je ne vais pas dans le marais.

Le marquis de Larochejaquelein part sans répondre. M. Duchaffault étonné et peiné entre dans la maison où étoient les généraux, s'informe de ce qui s'est passé, et apprend que le marquis de Larochejaquelein assure que le débarquement est prêt, qu'il se rend à la côte, après avoir donné l'ordre à tous les généraux de le suivre.

Il sort pour monter à cheval et courir après M. de Larochejaquelein. Il rencontre M. Le Meignant, de Thouars, qui partoit pour le rejoindre. « Vous m'éviterez, lui dit-il, d'aller » jusqu'à lui, si vous me promettez de lui dire

» que je suis fâché de la réponse que je lui ai
» faite. J'avois été trompé par l'assurance que
» l'on donnoit que le débarquement n'étoit
» pas prêt. Au reste, un homme de plus lui
» seroit de peu d'importance, mes deux di-
» visions étant à l'armée de Suzannet, je lui
» serai plus utile en restant ; je vais faire mes
» efforts pour engager Suzannet à suivre son
» mouvement. »

M. Le Meignant le promit et l'exécuta fidè-
lement, ainsi que l'a appris depuis M. Duchaffault.

MM. de Larochejaquelein se mettent en
marche pour la côte.

M. Duchaffault retourna près de M. Suzannet,
et lui fit toutes les représentations conformes à
ce qu'il venoit de faire dire à M. de Larochejaquelein.

« Je n'abandonne point M. de Laroche-
» jaquelein, dit M. de Suzannet ; soyez tran-
» quille. Je me retire seulement jusqu'à Falleron
» où M. d'Autichamp doit se rendre pour se
» concerter avec moi. »

Les corps de Suzannet et de Sapineau forts
au moins de 6,000 hommes, se retirèrent en-
semble à Falleron, le même jour 31 mai, et
y arrivèrent à six heures du soir.

Bientôt survient M. d'Autichamp avec un
aide-de-camp ; il avoit laissé son bivouac, fort
de 6,000 hommes près de Légé.

MM. d'Autichamp, Suzannet, Sapineau,
trois ou quatre officiers, dont M. Duchaffault

étoit du nombre, se réunirent chez le curé de Falleron.

M. d'Autichamp débuta par demander de quel droit M. de Larochejaquelein se prétendoit le général en chef (1), et s'il avoit exhibé les pouvoirs du roi? Personne n'ayant répondu affirmativement, il proposa de prendre un arrêté. A cette proposition M. Duchaffault se retira ; les trois généraux restèrent seuls.

Une demi-heure après sortit M. de Sapineau. M. Duchaffault qui, plein d'inquiétude sur ce qui alloit se passer d'après la proposition de M. d'Autichamp, étoit resté dans la cour du presbytère, demanda à M. de Sapineau ce qui avoit été fait.

Sur l'embarras de M. de Sapineau : « Vous » avez sans doute décidé et signé un arrêté » par lequel on abandonne Larochejaquelein? » C'est une infamie. »

« Que veux-tu, répondit-il (devant plusieurs » Vendéens, entr'autres MM. de la Maronière » et le capitaine Charbonnet), je crois bien » qu'il y a de l'*intrigue*, mais je t'assure que » je n'y suis pour rien ; et moi, répliqua » M. Duchaffault, je t'assure qu'il est possible » que tu t'en tires, parce que l'on te connoît, » toi, pour un bon et honnête homme. . . . . » . . . .

---

(1) Ici M. le comte Duchaffault se permet une réflexion : « Pourquoi, dans leurs premières entrevues à Chollet, lorsque le plan de l'expédition fut adopté par tous les généraux, n'a-t-on pas franchement décidé la question du commandement? Il me semble qu'à Falleron le moment n'étoit pas bien choisi, après le départ et les ordres du marquis de Larochejaquelein. »

M. d'Autichamp retourne à huit heures, le même soir, à son armée à Légé, et en part le lendemain, 1er juin, de grand matin, pour retourner dans son pays, où il licencia son armée.

M. de Sapineau partit avec son corps pour Touvois, où il passa la nuit.

M. de Suzannet resta avec le sien à Falleron, et le lendemain rejoignit à Touvois M. de Sapineau. M. Duchaffault doit dire que, depuis le moment de la signature de ce fameux arrêté de Falleron, M. de Suzannet parut visiblement rongé de chagrin ; tous ses soldats et la grande majorité des officiers murmuroient alors hautement contre la retraite qui s'effectuoit. Le noble dévouement du marquis de Larochejaquelein électrisoit tous les braves.

A peine les deux corps d'armée étoient-ils réunis à Touvois, le 1er juin, qu'un Vendéen prévient M. Duchaffault que M. de Suzannet étoit monté dans un grenier avec deux étrangers.

M. Duchaffault invite M. de Sapineau à monter avec lui, pour savoir quels étoient ces personnages.

C'étoient MM. de Malartic et La Beraudière qui s'étoient abouchés avec M. d'Autichamp ; on présumoit que leur arrivée devoit être prochaine, depuis qu'ils avoient échappé à la recherche de M. le chevalier du Landreau, envoyé par M. le marquis de Larochejaquelein pour les arrêter au château de la Chardière, qui, comme on l'a dit, appartenoit à M. de Suzannet.

Ces messieurs firent, devant MM. de Sapineau et Duchaffault, l'ouverture de leur mission pacifique, qu'ils tenoient de M. Fouché, et ils disoient qu'il étoit très à propos d'accéder à des propositions qui les tiroient de tout embarras.

M. Duchaffault sortit presque de suite. MM. de la Beraudière et de Malartic restèrent près de M. de Suzannet toute la journée du 1er.

Et voici ce qui se passa dans cette journée : M. de Charette, mort la veille des blessures qu'il avoit reçues à Aisenay, fut enterré avec les honneurs de la guerre, à dix heures du matin.

Pendant la cérémonie on vint avertir M. de Suzannet qu'une colonne ennemie, partie de Nantes, se dirigeoit dans la Vendée; il parut n'en tenir aucun compte : MM. Duchêne de la Gobertière, et plusieurs autres, peuvent certifier ce fait.

Après la cérémonie les deux corps se séparent, se mettent en marche pour s'en retourner dans leur pays et y être licenciés. Celui de M. de Sapineau prend la route de Légé; celui de M. de Suzannet, dont l'avant-garde étoit commandée par M. Duchaffault, se dirige par la forêt de Touvois sur Vieille-Vigne.

A peine cette avant-garde avoit-elle débouché la forêt de Touvois, qu'un cavalier vendéen vint au galop avertir M. Duchaffault qu'une colonne ennemie, forte à peu près de quinze cents hommes, avoit fait halte à Saint-

Etienne de Corcoué, qui n'est qu'à une demi-lieue de la forêt; cette colonne venoit de Nantes, et se dirigeoit sur Légé.

M. Duchaffault, accoutumé aux fausses alertes, arrête l'avant-garde, et va lui-même à la découverte avec M. de Carné l'aîné, qui se trouvoit auprès de lui. Le rapport du Vendéen se trouvant juste, il retourne à toute bride à sa troupe, et envoie de suite M. de Marans, officier distingué, à M. de Suzannet, qui, avec le corps d'armée, étoit dans la forêt à un quart de lieue seulement.

Il le fit prévenir qu'il avoit reconnu une colonne de quinze cents hommes qui étoit arrêtée à Saint-Etienne de Corcoué, se dirigeant sur Légé, qu'il étoit bon d'envoyer de suite prévenir M. de Sapineau qui s'y dirigeoit, de s'y arrêter, et d'y prendre position, tandis que M. de Suzannet se porteroit sur le flanc de l'ennemi entre Légé et l'avant-garde; que lui Duchaffault se chargeroit de laisser défiler l'ennemi sur la route, et de commencer l'attaque par la queue; que cette colonne ainsi attaquée de tous côtés par des forces supérieures, seroit bientôt forcée de se rendre (1).

Mais M. de Suzannet avoit à ses côtés MM. de Malartic et la Béraudière; il répondit à M. de Marans : « Dites à Duchaffault que je n'atta-» querai pas, et qu'il faut prendre une autre » route. »

____

(1) M. Duchaffault déclare que le général Travot qui commandoit cette colonne, lui a dit, à Chollet, le 26 juin, qu'il ne s'étoit jamais trouvé dans une position plus critique.

M. de Marans répliqua : « M. Duchaffault
» m'a chargé de vous dire que la Providence
» mettoit cette colonne entre nos mains , et
» qu'il étoit facile de l'enlever. » M. de Suzannet détourna son cheval sans répondre , et
fit prendre une autre route à son armée ; M. de
Marans, plein d'étonnement, rejoignit M. Duchaffault à qui il rendit compte : « Attaquons,
» lui dit-il, à l'instant, mon général. »

M. Duchaffault espérant que la fusillade seroit entendue , et cédant à l'élan courageux de
l'avant-garde forte seulement de quatre cents
hommes, attaque en queue l'ennemi qui s'é-
toit remis en route , et le poursuivant jusqu'à
Légé , lui met cent hommes hors de combat ,
dont dix-sept tués et quatre-vingts blessés.

Il ne se retira que lorsque le voyant en pos-
session de Légé (que M. de Sapineau avoit
traversé sans s'arrêter, parce qu'il n'avoit pas
été averti), il vit une force trop supérieure se
détacher de Légé contre l'avant-garde.

Quelques hommes de l'armée de Sapineau ,
restés en arrière dans la ville, se rassemblant
sous les ordres de MM. de Chabot et Sauva-
geot, engagèrent aussi une fusillade contre
l'ennemi qui s'en étoit déjà rendu maître.

M. Duchaffaut se replia sur Vieille-Vigne ; il
aperçut M. de Suzannet presque seul avec son
état-major (qui, comme on l'a dit, avoit fait
prendre une autre route à son armée.)

Il permit aux siens de s'en retourner aussi,
et s'en alla chez lui à la Senardière, près Montaigu.

M. Duchaffault eut à se louer dans cette journée de M. Lemeignan de l'Ecorce, chef de division de Vieille-Vigne, de M. Dutressé, de M. Charbonnel, et de plusieurs autres officiers et Vendéens.

L'ennemi, qui ne se croyoit pas en sûreté à Légé, continua sa route sur Bourbon-Vendée. C'est la même colonne qui le lendemain 2 juin se porta sur Croix-de-Vic pour attaquer et écraser les Larochejaquelein.

Quelle différence si cette colonne avoit subi le sort que la destinée de la France sembloit lui avoir préparée !

N'est-il pas évident que le corps de Larochejaquelein n'eût pas été écrasé; que le débarquement très-considérable des munitions de toutes espèces, d'armes et d'artillerie eût été opéré? N'est-il pas évident que la Vendée auroit été armée dans les vingt-quatre heures ; que les dix-huit mille hommes déjà réunis, auxquels se seroient joints tous ceux qui couvroient les routes, pour arriver à leur division, auroient été exaltés par cette victoire, et à la vue des armes qu'on leur apportoit? Enfin qui ne sait de quelle importance est une victoire au commencement d'une campagne ; et qui pourroit se refuser à dire que tous les événemens postérieurs ont dépendu de ces deux journées, le 31 mai et le 1er juin?

Le 3 juin, sur les cinq heures de l'après-midi, MM. Lemeignan de Thouars et Carconet arrivent près de M. Duchaffault à la Senardière, et lui remettent un ordre de M. le marquis de

Larochejaquelein , signé par le chef d'état-
major général, le général Canuel , par lequel
il lui enjoignoit de prendre le commandement
en chef de l'armée de M. de Suzannet qu'il venoit de destituer, et de marcher sur Croix-de-
Vic. Ces Messieurs avoient entendu du canon
toute la journée., et paroissoient inquiets sur
le sort des Larochejaquelein.

M. Duchaffault leur répondit : « Dans toute
» autre circonstance je n'accepterois pas : je
» vois l'urgence , je vole à son secours, j'ac-
» cepte. »

De suite il se rendit à Montaigu avec ces
deux officiers , prit les mesures nécessaires pour
un rassemblement à Vieille-Vigne , le plus con-
sidérable et le plus prompt possible. — Le lendemain 4 , à sept heures du matin , arrivé à
Vieille-Vigne à l'heure dite, il y trouva environ
deux mille hommes réunis. M. Lemeignan de
l'Ecorce le seconda parfaitement ainsi que M. de
Marans. M. de Puytesson , qui étoit blessé,
ne pouvant venir, lui écrivit pour lui témoi-
gner le regret qu'il avoit de ne pouvoir le rejoindre.

M. Duchaffault part à dix heures de Vieille-
Vigne à la tête de sa troupe ; il est rejoint en
route par plusieurs Vendéens. Enfin il arrive à
Saint-Christophe le même jour à sept heures du
soir, pour se diriger sur la côte le lendemain.

Dans sa marche près de Légé, un faux avis
lui est donné par un courrier vendéen; on lui
annonça qu'il alloit être cerné par deux co-
lonnes de deux mille hommes chacune , dont

l'une étoit à Saint-Christophe où il se rendoit, et l'autre étoit partie de Bourbon. Il fit lire cette lettre à M. de Marans, avec défense d'en parler. Cet avis ne fut pas confirmé, ainsi que M. Duchaffault l'avoit prévu.

Arrivé à Saint-Christophe, le 4 au soir, il envoie dire au marquis de Larochejaquelein qu'il lui amenoit trois mille hommes, et qu'il attendoit ses ordres à Saint-Christophe, pour de là se rendre où il le désireroit.

A peine le courrier étoit-il parti qu'arrivèrent une vingtaine de blessés vendéens, annonçant le désastre de leur armée : la mort de leur général n'étoit pas assurée par tous ; plusieurs prétendoient qu'il n'étoit que blessé, ainsi que son frère. Le lendemain 5, la fatale vérité fut connue ; M. Duchaffault se porta en avant pour recevoir les débris du 4ᵉ corps où étoient Aug. de Larochejaquelein, le général Cannel et son état-major.

On rétrograde sur Légé, afin de concerter un nouveau plan d'opération, puisque le premier étoit détruit par le licenciement et la retraite opérés à Falleron. On rencontre près de Légé M. de Suzannet qui arrivoit avec quatre mille hommes. MM. de Malartic et la Béraudière l'avoient quitté depuis plusieurs jours.

La jonction fit éclater des sentimens pénibles, difficiles à exprimer. Après bien des difficultés on parvint à obtenir d'Auguste Larochejaquelein une entrevue avec M. de Suzannet qui promit alors de se démettre du commandement de son corps d'armée.

M. de Suzannet avoit de nouveau fait ce rassemblement, ce même jour 6 juin, après avoir sans doute eu connoissance du désastre arrivé à l'armée le 4 ; il avoit en outre appris, le 3 juin, par M. Duchaffault, sa destitution prononcée par le général de Larochejaquelein.

Le 6 au soir, on se dispersa ; M. Duchaffault doit à la vérité de dire que de tous côtés on entendoit les Vendéens exhaler leur regret sur la perte du brave Larochejaquelein, et célébrer un nom si vénéré dans la Vendée.

Quelques jours après, M. d'Autichamp écrivit à M. de Suzannet qu'il devoit conserver son commandement, et proposa une réunion de chefs, qui eut lieu à Montfaucon. M. Duchaffault ne fut point averti, et ne s'y trouva pas.

Le 11 juin, M. de Suzannet lui écrivit trèsamicalement, lui fit des propositions avantageuses, l'engagea à rester à son corps d'armée, et à se considérer comme son second.

M. Duchaffault connoissant la fâcheuse opinion qui régnoit dans l'armée contre M. de Suzanet, ayant été témoin des murmures et même des menaces du 3ᵉ corps qu'il venoit de conduire au secours du marquis de Larochejaquelein, lui répondit avec franchise que les circonstances ne lui permettoient plus de servir sous ses ordres ; et il rejoignit le 4ᵉ corps où il a fini la campagne.

FIN.

Le général Duchaffaut croit utile de donner ici copie de la lettre du commandant de la frégate *l'Astrée*, écrite le 31 mai au marquis de Larochejaquelein. Elle démontrera la fausseté de ce qui avoit été débité à Saint-Christophe ; voyez, page 6, ce qui y étoit dit relativement à une prétendue lettre du commandant anglais.

Mon cher marquis,

Je ne saurois vous exprimer le plaisir que me fit éprouver hier soir l'arrivée de votre aide-de-camp, et les détails qu'il me transmit sur vos opérations et sur votre situation actuelle. Ce plaisir a été vivement partagé par tous mes officiers, et, s'il m'est permis de le dire, par mes matelots même. La plus vive satisfaction éclatoit sur tous les visages.

Ainsi que j'avois eu l'honneur de vous l'annoncer, l'amiral sir Henri Hotham est arrivé d'Angleterre, et a pris le commandement de cette escadre. C'est un très-aimable homme, et l'un des officiers les plus distingués de la marine anglaise. J'aurai le plus grand plaisir à vous présenter à lui ; il désire beaucoup lui-même de vous recevoir à son bord pour s'entendre avec vous à l'égard des opérations ultérieures ; il vous apporte une grande quantité d'armes, de munitions, et quelques pièces de campagne.

Toutes les sommes qui pourroient vous être nécessaires seront également mises à votre disposition.

Le pavillon amiral est arboré sur *le Superbe*, de 74.

Le Belléropphon, de la même force, est également sous ses ordres. Tout ira donc au gré de mes désirs ; je suis dans la plus ferme conviction que dès demain les brigands de Saint-Gilles seront entièrement soumis par nous, et que toute communication avec l'intérieur leur sera aussi fermée ; j'ai ordre de raser la côte aussi près que possible, afin d'entretenir nos communications mutuelles. Comptez que je ne négligerai rien pour surveiller tous les mouvemens de l'ennemi.

Je suis avec la plus sincère estime tant pour vous que pour votre cause,

Signé KITTROC.

P. S. Nous attendons de momens en momens de nouveaux secours en munitions et en armes. Mes complimens à toutes les personnes qui vous entourent. Vive le Roi ! Vive LOUIS XVIII ! Vivent les Bourbons ! Tel est le cri continuel de tout mon équipage.